D1702705

Herstellung und Verlag:
BoD - Books on Demand, Norderstedt
ISBN: 978-3-7526-4072-4
© 2021 Dr. phil. Klaus Biedermann

Die 10 Gebote

Update 20.21

damit WIR überLEBEN

Dr. phil. Klaus Biedermann

2. Auflage

„Ich glaube, dass wir einen Funken
jenes ewigen Lichtes in uns tragen,
das im Grunde des Seins leuchten muss
und das unsere schwachen Sinne nur
von Ferne ahnen können. Diesen Funken
in uns zur Flamme werden zu lassen und
das Göttliche in uns zu verwirklichen,
ist unsere höchste Pflicht."
(Johann Wolfgang von Goethe)

Vorwort

Die zehn Gebote des Alten Testaments

Tausende von Gesetzen regeln unser Leben, ob in der Straßenverkehrsordnung, im Bürgerlichen Gesetzbuch, dem Strafgesetzbuch, dem Grundgesetz, dem Steuergesetz, dem Baugesetz und vielen anderen mehr, die ich gar nicht alle aufzählen kann. Gesetze, Gebote, Verbote ... offensichtlich braucht der Mensch das.

Am Berg Sinai war alles noch überschaubarer und einfacher - und im Grunde auch ausreichend. Bis in die heutige Zeit?

Es waren nur zehn Regeln, die Moses vom Berg mitbrachte und nach denen das Volk Israel leben sollte, um zu überleben. Jesus hat diese 10 Gebote später auf zwei Regeln vereinfacht. Doch dazu später.

Die Menschheit ist in ihrer Entwicklung an einem entscheidenden Punkt angekommen. Der Weg, den wir gehen, gabelt sich in zwei Richtungen, und wir haben die Wahl.

Entweder gehen wir den Weg in den globalen Selbstmord oder wir wählen den Weg zu einer Veränderung des Bewusstseins – und damit den Weg ins Leben. Selten war die Gelegenheit so günstig wie jetzt. Die Pandemie kommt noch gerade zur rechten Zeit.

Die Welt steckt in einer Blockade, die sich in vielen Dingen zeigt. Alle schauen, besonders jetzt während dieser globalen Krise, die alle Menschen gemeinsam herausfordert auf das Symptom und die Folgen, aber kaum jemand sucht die Ursache dort, wo sie ist: Im menschlichen Bewusstsein und der Lebensart selbst.

Laut Bibel empfing Moses von Gott auf dem Berg Sinai zehn Gebote. Diese Gebote gelten im Judentum als das Herzstück der Thora und gehören zu den Hauptquellen der christlichen Ethik.

Moses erinnerte das versammelte Volk daran, dass Gott seinerzeit auf dem Sinai das Volk zwar laut und direkt angesprochen, dieses den Berg aber aus

Furcht gemieden habe. Deshalb verkünde er, Moses, dem Volk seither Gottes Worte. Darauf bekräftigt er, Gott selbst habe eben diesen Wortlaut damals verkündet, unverändert auf die Gebotstafeln geschrieben und ihm diese gegeben. Das haben damals sicherlich viele Menschen auch geglaubt. Nun erfuhr das Volk den Inhalt des offenbarten Dekalogs. Moses legte beide Steintafeln in die **Bundeslade.**

Der Koran enthält sehr viele Verbote und Gebote. In Verbindung mit den Überlieferungsschriften (Hadithen) bilden sie die Grundlage für die Scharia. Es findet sich keine Sammlung wie die Zehn Gebote. Eine Aufzählung der Glaubensartikel steht in Sure 2,177 und eine ethische Aufzählung ohne klaren Zusammenhang in Sure 17,22-38. Wer die Zehn Gebote sucht, wird diese nur verstreut im Koran finden.

Von den Zehn Geboten, die im Koran zu finden sind, fehlen: Das Sabbat-Gebot und das Verbot, Gottes Namen zu missbrauchen. Muslime werden im Gegenteil dazu aufgefordert, die Namen Gottes so oft wie möglich herzusagen und bei jeder Gelegenheit als Beschwörungsformel zu benutzen. Daraus ergibt sich auch der starke Missbrauch des Gottesnamen in der islamischen Welt (Anmerkung: auch im christlichen Bereich wird er missbraucht z. B. mit unpassenden unüberlegten Ausrufen wie: „Mein Gott!", „Jesus-Maria" oder Ähnlichem).

Das Sabbat-Gebot wird im Islam ganz aufgehoben. Zwar sollen Muslime sich am Freitag kurz zum Freitagsgebet in der Moschee versammeln, aber vor und nach dem Gebet geht der normale Alltag weiter (außer in der Türkei und anderen muslimischen Ländern, die den Sonntag als Feiertag übernommen haben). Deshalb haben Muslime keinen Ruhetag.

Zwischen den Geboten, wie wir sie in der Bibel finden, und ihrer Entsprechung im Koran gibt es eine Reihe von Unterschieden: Nach der Bibel sind die Gebote nicht einfach gesetzliche Vorschriften, sondern haben ihre Grundlage im rettenden Eingreifen Gottes und sollen die Menschen dazu anleiten, zu

Gott umzukehren und Seine Vergebung in Anspruch zu nehmen.

Die erste und bekannteste Version der 10 Gebote steht in Exodus 20. Zu einer zweiten Auflage kommt es dann in Exodus 34, wo neue, nach himmlischer Überarbeitung allerdings ganz andere Tafeln präsentiert werden, die nun zum ersten Mal „die Zehn Gebote" heißen.

Wenn man heute Menschen fragt, ob sie sich nach den Zehn Geboten richten, sagen die meisten, dass sie es wohl eher unbewusst tun, weil sie so erzogen worden sind. Viele können die Gebote nicht alle aufsagen, sie werden aber als selbstverständlich erachtet. Gehören die Gebote vielleicht schon zu unserem Erbgut?

1: Du sollst keine anderen Götter haben neben mir. Du sollst dir kein Bildnis noch irgendein Gleichnis machen, weder von dem, was oben im Himmel, noch von dem, was unten auf Erden, noch von dem, was im Wasser unter der Erde ist: Bete sie nicht an und diene ihnen nicht! Denn ich, der Herr, dein Gott, bin ein eifernder Gott, der die Missetat der Väter heimsucht bis ins dritte und vierte Glied an den Kindern derer, die mich hassen, aber Barmherzigkeit erweist an viele Tausenden, die mich lieben und meine Gebote halten.

Die ersten drei Gebote regeln die Beziehung zwischen Gott und den Menschen. Sie machen klar, dass es nur einen Gott gibt.
Was sagen wir, wenn wir etwas Althergebrachtes überdenken wollen, das uns nicht mehr nützlich erscheint? Wir sagen: „Es ist ja nicht in Stein gemeißelt."

Die Gesetze Eins und Zwei, die wie die anderen offensichtlich in Stein gemeißelt waren, haben mit Moral nichts zu tun. Hier wird von einem Diktator gedroht.

Bloße Furcht vor einer unsichtbaren Autorität ist aber kein solides Fundament für eine Ethik.

„Du sollst dir kein Bildnis machen!"

Dann dürfte es keine sakrale Malerei geben, keine Fotografie! Keine Kreativität! Das kann nicht die Haltung eines liebenden Schöpfers sein.

Immerhin macht er aus seiner Eifersucht keinen Hehl. Adam und Eva erhielten ja auch die Höchststrafe, weil sie vom Baum der Erkenntnis genascht hatten. Und hat die katholische Kirche sich etwa kein Bild von Gott gemacht, in dem sie seinen Sohn am Kreuze darstellen?

Vielleicht aber waren solche Befehle nötig, ein Volk zusammenzuhalten. Man findet ähnliche Regeln ja heute noch in fundamentalistischen Haltungen jeglicher Coleur. Dieser „Vater im Himmel" fordert bedingungslosen Gehorsam und droht mit Strafe, deren Maß er allerdings nicht benennt.

Was bedeutet das für uns heute?

Dass es sich bei Gott nicht um eine Person handelt, die irgendwo hinter den Wolken sitzt und alles, aber wirklich alles mitbekommt, daran glaubt wohl niemand mehr, der noch seine Sinne beisammen hat. Das göttliche Prinzip findet sich allerdings überall, in jeder Pflanze, jedem Tier, allem Beleb-ten, also auch in jedem von uns, also auch in Ihnen.

Man soll also keine anderen Götter neben sich haben, heißt es. Das macht Sinn: Nur sich selbst zu vertrauen, seiner eigenen Intuition, seinen eigenen Erfahrungen, die jeder machen muss - um dann daraus zu lernen, das bedeutet, Reflexion. Wenn Erfahrung weise machen würde, wäre jeder alte Mensch weise, was nicht stimmt. Die Reflexion macht uns weise - und gütig anderen, wie der gesamten Schöpfung gegenüber.

Bete keine anderen Götter an.

Leider geschieht die Anbetung sehr häufig. Denken Sie bloß an die vielen Idole, sogenannten Promis, Influencer, C-Stars etc. Wer solche Leute anbetet, verliert sich selbst aus den Augen. Man versucht, so zu sein, wie jemand anderer und muss natürlich scheitern. Klinikpersonal von Einrichtungen für Essstörungen können ein Lied davon singen.

Was könnte aus einem jungen Menschen werden, wenn er rechtzeitig lernen dürfte, dass es in seinem Leben um ihn selber geht, nie darum, jemand anderer sein zu wollen.

2: Du sollst den Namen des Herrn, deines Gottes, nicht missbrauchen; denn der Herr wird den nicht ungestraft lassen, der seinen Namen missbraucht.

Der Wert der Zehn Gebote liegt wohl im Wesentlichen darin, dass sie ein Grundgesetz der Würde des Lebens sind.

Wie oft wurde und wird gegen dieses Zweite Gebot verstoßen! Viel Leid wurde durch den Missbrauch des Namen Gottes in die Welt gebracht. Ob durch Missionare, Kriege oder jeden Terroranschlag, mit dem Ruf: Allahu Akbar begleitet wird. Gegen dieses Gebot wird ständig verstoßen.

In den meisten Demokratien schwören die Präsidenten oder Kanzler auf die Bibel. Wäre es dann nicht nur folgerichtig, auch im Namen Gottes zu handeln?

Wie schlimm trieben und treiben es Kirchen oder Schariagerichte, die unter Anrufung des Namen Gottes sexuellen Mißbrauch und schlimmste Folterungen durchführten. Das war und ist reinste Gotteslästerung. Aber ist der Gott des Alten Testamentes nicht auch grausam? Das kann man durchaus so sehen.

Erst durch Jesus wurde ein liebendes und gütiges Gottesbild in die Welt gebracht. Er sagte: „Ihr habt durch euer Tun die Häuser meines Vaters als Euch zu Ehren sein sollend zu Mördergruben abgestempelt! Diener des Gotteswortes nennt Ihr Euch, doch seid Ihr Diener Eures Hochmuts geworden!"

Alle Religionskrieger missbrauchten und missbrauchen den Namen Gottes. Krieg im Namen Gottes ist aber auch, wenn es auf einem Schulhof eine Mauer gibt, die Katholiken von Evangelischen trennt, woran ich mich noch erinnern kann. Oder wenn bei Trauungen der evangelische Partner nachgeben muss. Oder wenn ein Moslem keine Christin heiraten darf und wenn moslemische Frauen umgebracht werden, weil sie einen Christen lieben. Das wird dann sogar Ehrenmord im Namen eines Gottes genannt.

Gibt es einen schlimmeren, einen entsetzlicheren Missbrauch des Namens?

Wieviele Menschen werden auch heute noch weltweit in Seinem Namen gefoltert, eingesperrt und getötet!

Der Protestant Grotius leitete erstmals „das Recht der ganzen Menschheit" aus dem natürlichen Recht ab - ein Recht also, das alle Rechtsverhältnisse umfasst, auch zwischen Einzelpersonen. Grotius gilt zwar als „Säkularisierer", doch für ihn war sonnenklar, dass dieses Recht der Welt von Gott eingeschrieben wurde. Sich dessen bewusst zu sein, berechtige aber nicht dazu, anderen Menschen ihre natürlichen Rechte zu nehmen, um sie zu diesem Glauben zu zwingen: Grotius lehnte jede gewaltsame Mission entschieden ab.

Die Gleichberechtigung aller Menschen, einschließlich der von Männern und Frauen, leitete der Philosoph Locke als selbstverständlich aus den Gesetzen ab.

Sie alle wurden zu geistigen Paten der US-Gründerväter um Thomas Jefferson. Die amerikanische Unabhängigkeitserklärung von 1776 drückte die Gedanken aus: „Wir halten diese Wahrheiten für selbstverständlich, dass alle Menschen gleich an Rechten geboren werden und von ihrem Schöpfer mit gewissen unveräußerlichen Rechten ausgestattet sind und dass dazu gehören das Leben, die Freiheit und das Streben nach Glück". Ob man auch danach handelt, darf wohl zurecht bezweifelt werden.

Heute sind die Menschenrechte das Wertefundament der westlichen Welt. Die „Theologie der Zehn Gebote" wirkt fort als eine „säkularisierte Theologie der Menschenrechte". Dass viele glauben, sich von ihrer Herkunftsreligion entfernt zu haben, ändert daran nichts. Auch in säkularisierter Gestalt bestimmen jüdisch-christliche Wurzeln - vielgestaltig, oft unbewusst - unser Verhalten, Zusammenleben, gesellschaftliche Normen und Einrichtungen.

Mein Vorschlag: Haltet Gott aus allem raus, vor allem aus der Politik. Dann kann sein Name auch nicht missbraucht werden.

Wenn wir alle nach dem Gebot der Nächstenliebe leben, brauchen wir weder in der Politik noch in anderen Kontexten seinen Namen.

3. Gedenke des Sabbattages, dass du ihn heiligst. Sechs Tage sollst du arbeiten und alle deine Werke tun. Aber am siebenten Tage ist der Sabbat des Herrn, deines Gottes. Da sollst du keine Arbeit tun, auch nicht dein Sohn, deine Tochter, dein Knecht, deine Magd, dein Vieh, auch nicht dein Fremdling, der in deiner Stadt lebt. Denn in sechs Tagen hat der Herr Himmel und Erde gemacht und das Meer und alles was darinnen ist, und ruhte am siebenten Tage. Darum segnete der Herr den Sabbat und heiligte ihn.

Gott möchte also, dass wir uns an einem Tag zumindest wirklich Zeit für ihn nehmen. Wir sollen nicht den Sinn unseres Daseins vergessen. Das macht wirklich Sinn. Sich Auszeiten gönnen, zur Ruhe kommen um neue Kräfte oder Ideen sammeln zu können. Ein weltlicher Gesetzgeber kann nur einen Rahmen vorgeben und in der Geschichte der menschlichen Arbeit hat es lange gedauert, bis man den Arbeitern Ruhezeiten zugestanden hat. Sich auf einen oder zwei Tage zu einigen macht in einem komplexen System durchaus Sinn.

Dennoch muss jeder für dich selbst herausfinden, wie seine persönliche Life-Work-Balance aussehen muss. Da helfen keine Seminare, in denen ein Trainer sagt, wie man zu leben hat.

Denken Sie an das Erste Gebot!

Finden Sie heraus, was Ihre wahre Berufung ist. Dieses Wort steckt in dem Begriff ‚Beruf'. Wer tut, was ihm schon in die Wiege gelegt worden ist, wird nie einen Burn-Out erleiden.

Lassen Sie ihre Kinder selbst herausfinden, was ihnen Freude bereitet, wofür ihr Herz schlägt, worin ihre Talente liegen. Machen Sie ihnen viele Angebote. Selten können sie das in der Schule herausfinden. Stärken Sie das Selbstbewusstsein Ihres Kindes, fördern Sie es.

Ist es nicht schlimm, dass die meisten Kinder auf die Frage, warum sie zur Schule gehen, antworten: „Weil ich muss."

Haben Sie schon einmal darüber nachgedacht, warum man einem Schüler in einem Fach Nachhilfe gibt, das ihm offensichtlich nicht liegt, anstatt ihn in seinen Stärken zu fördern?

Ich vermag mir gar nicht vorzustellen, in welcher Welt dann heute leben würden.

4. Du sollst deinen Vater und deine Mutter ehren, auf dass du lange lebest und es dir gut geht in dem Lande, das dir der Herr, dein Gott, geben wird.

Von diesem Gesetz an werden die Beziehungen der Menschen untereinander geregelt. Regeln der Nächstenliebe, und es beginnt mit der Beziehung zwischen den Generationen.

So harmlos das klingt, es ist das einzige Gebot, das mit einem Ansporn statt mit einer impliziten Drohung einhergeht. „Damit du lange lebst in dem Land, das der Herr, dein Gott, dir gibt."

Darin ist die Andeutung enthalten, dass man Vater und Mutter mit Respekt begegnen soll, um ein Erbe zu erhalten – den Israeliten ist mit Kanaan bereits ein Land versprochen, das derzeit von anderen Leuten besetzt wird - also sind die Aussichten auf künftige Hinterlassenschaften gut. Also Vater und Mutter ehren mit Hintergedanken und Aussicht auf materielle Güter.

Warum den Respekt für die Eltern nicht als gute Sache an sich darstellen? Immerhin haben wir schon jetzt das wertvollste Geschenk erhalten.

Was dieses Gebot angeht und bei allem Respekt für die Ahnen: Warum wird der Missbrauch von Kindern nicht verboten? (Unverschämtheiten von Seiten der Kinder können mit dem Tod bestraft werden, so steht es in Levitikus 20:9)

Ein grausames oder ungezogenes Kind, was es im Übrigen aus sich selbst heraus nicht gibt, wäre eine schlimme Sache. Ein grausamer oder brutaler Elternteil jedoch kann unendlich größeren Schaden anrichten. Doch selbst in einer langen und erschöpfenden Liste von Verboten werden elterlicher Sadismus oder Vernachlässigung nicht ein einziges Mal erwähnt. Sexueller und psychischer Missbrauch von Kindern wird meist von den Eltern begangen. Vätern und Müttern.

In diesem Gebot offenbart sich vielleicht nach dem ersten Gebot am deutlichsten, dass es sich bei dem Gesetzgeber um einen Patriarchen handelt, der wenig reflektiert ist. Der sich für fehlerfrei und unantastbar hält. Das sogenannte „Recht der ersten Nacht", das dem Lehnsherrn die Möglichkeit gab, die Hochzeitsnacht mit der Braut eines Untergebenen zu verbringen, verdeutlicht dieses Prinzip. Der Bräutigam konnte das verhindern, wenn er seine Zukünftige freikaufte, aber wer hatte das Geld schon?

Für jeden Beruf braucht es eine Ausbildung, wie man Kinder groß zieht nicht. Natürlich machen Eltern Fehler und natürlich merken das die Kinder und spätestens in der Pubertät lehnen sie sich auf. Das gehört zum Erwachsenwerden dazu. Die Pubertät ist quasi die zweite Geburt, die zweite Abnabelung von den Eltern. Viele schaffen das nie und leben weiter mit ihren Anspruchshaltungen, die nie erfüllt wurden oder ihren Vorwürfen, weil ihnen nicht das gegeben wurde, was sie erwartet haben.

In den zahlreichen Protesten gegen die Maßnahmen während der Corona-Krise kann man das hin und wieder beobachten. Ich möchte das hier keineswegs pauschalieren und hätte auch einige Ideen, wie man es anders machen kann. Aber wenn man eine Regierung symbolisch mit den Eltern gleichsetzt - die Kanzlerin wird sogar „Mutti" genannt -, wird man sicher manche Art des Protestes als pubertär bezeichnen können.

Wenn man das Geschenk der Eltern nicht annehmen kann, kann man das Leben in seiner Fülle nicht nehmen, wenn man gegen den, der es einem geschenkt hat, Vorbehalte hat.

Kinder lieben ihre Eltern - bedingungslos, erst später sitzen sie zu Gericht.

Bedanken Sie sich bei Ihren Eltern aus ganzem Herzen für das größte Geschenk, das Sie von ihnen erhalten haben - unabhängig davon, wie Ihre Eltern waren - dann ist der Ehre genug getan, und Sie können das Leben leben, wie es Ihnen gegeben ist.

5. Du sollst nicht (morden) töten.

Das ganze Buch Exodus ist reich an Geboten, es ist mit grimmigen Befehlen gespickt, die etwa dazu auffordern, Menschen für geringe Vergehen (darunter die Missachtung des Sabbats) zu erschlagen, und enthält zudem den finsteren, unheilvollen Vers: „Eine Hexe sollst du nicht am Leben lassen", der von Christen bis in die jüngere Menschheitsgeschichte hinein als göttliche Anweisung gelesen wurde. Auch bis in die heutige Zeit werden Menschen im Namen Gottes getötet.

Dieses 5. Gebot will doch eindeutig schützen. Wenn jeder das Fünfte Gebot befolgen würde, würden wir alle in Sicherheit leben.

Hier wartet offensichtlich einiges an Arbeit: Das Töten vom Morden zu unterscheiden, ist nicht leicht: Was tun, wenn Gott selbst den Unterschied nicht weiß?

Und gilt dieses Gebot ausschließlich für die Menschen untereinander? Oder darf man auch kein Tier töten? Und bezieht sich dieses Gebot ausschließlich auf die Ebene der Materie? Oder auch darauf, dass man zum Beispiel das Talent seines Kindes nicht „töten" soll? Oder die Liebe eines anderen Menschen?

Wie oft passiert es, dass eine Begabung eines Kindes zwar entdeckt, aber nicht gefördert wird, weil die Eltern ganz andere Pläne haben. Ich bezweifle außerdem, dass der Großteil unserer Schulen der richtige Ort dafür ist, die individuellen Begabungen eines Kindes zu fördern. Wohl dem Kind, der Eltern hat, die es zur Musikschule, zum Ballett oder zum Sport fahren können.

Das soll nicht heißen, dass die Eltern verpflichtet sind, jedem Traum oder Wunsch des Kindes nachzugehen, aber eine ernsthafte Prüfung und Beobachtung sollte stattfinden. Ob wirklich jedes Kind hochbegabt ist, lasse ich einmal dahingestellt, aber sicher werden viele Begabungen nie entdeckt.

Dieses 5. Gebot gilt auch für alle, die das Vertrauen anderer missbrauchen, denn auch dann wird getötet.

In jedem Krieg wurde und wird gegen dieses Gebot wohl am deutlichsten verstoßen. Oft haben Priester die Waffen gesegnet, mit denen getötet wurde. Auf dem Koppelschloss der Soldaten der Wehrmacht stand sogar: „Gott mit uns" und während des Vietnamkrieges wurden Soldaten befördert, wenn sie möglichst viele Menschen getötet hatten. Perverser geht es wohl kaum. Der radikale Islam spricht sogar vom „Heiligen Krieg".

6. Du sollst nicht ehebrechen.

Die Ehe ist die kleinste Einheit einer Gesellschaft und die soll geschützt werden. Eine stabile Ehe und später Familie sind Garanten dafür, dass eine Gesellschaft funktioniert. Das haben sogar die Kommunisten in der Sowjetunion verstanden, die Eherituale eingeführt hatten, die unseren kirchlichen Zeremonien sehr ähnlich waren.

Die meisten Gesetzbücher haben den Versuch, den Ehebruch für strafbar zu erklären, vor langer Zeit aufgegeben. Vielleicht verdient er nicht, wie Mord, Diebstahl oder Meineid klassifiziert zu werden. Was aber, wenn mit diesem Gesetz gar nicht der Ehebruch gemeint ist, den wir landläufig darunter verstehen, nämlich dass einer der Partner „fremdgeht".

Vielleicht war dieses Gebot das erste Gesetz das zum Wohle der Frau erlassen wurde. In den damaligen Zeiten und in vielen Regionen bis zum heutigen Tag, war eine Frau, die für sich alleine - vielleicht noch für Kinder - sorgen musste, wirtschaftlich in einer äußerst schwierigen Lage - auch bei uns heute noch.

Wann beginnt eigentlich ein Ehebruch? Und ist es heute nicht viel leichter, die Ehe zu brechen, als zu Zeiten, in denen eine Ehe nur ein paar Jahre gedauert hat, weil die Frau bei dem siebten oder achten Kind im Kindbett gestorben ist?

„Bis das der Tod uns scheidet" meinte damals eine vollkommen andere Zeitspanne, als heute, wo eine Ehe durchaus über fünfzig Jahre dauern kann.

Beginnt der Ehebruch nicht schon mit dem Nichteinhalten von Versprechungen, die man sich gegeben hat? Wurde der Kinderwunsch, den man vor der Ehe ausgesprochen hat, zurückgezogen?

Ist das Stören einer Ehe von außen nicht auch ein Ehebruch? Wer mischt sich nicht alles ein. Die Eltern, die Schwiegereltern, Freunde, Kollegen. Jeder gibt seinen Senf dazu, meist sogar noch ungefragt. Jede Kritik am Partner, mag sie berechtigt oder nicht, pflanzt aber einen Samen ins Herz.

7. Du sollst nicht stehlen.

Da ist nicht viel zu beanstanden. Wer hart für sein Eigentum gearbeitet hat, hat das Recht, jenen, die lieber stehlen als arbeiten, zu grollen, und wenn eine Gesellschaft den Punkt erreicht, da es Reichtum gibt, der niemandem gehört – öffentliches oder soziales Eigentum –, ernten jene, die sich persönlich daran bereichern, zurecht Ablehnung. Zugegeben, der Wohlstand mancher Familien und vieler Staaten ist ebenfalls auf Diebstahl gegründet, doch auch in diesem Fall muss das Prinzip Ablehnung Anwendung finden.

Wenn wir diese Gesetz wirklich ernst nehmen, müssten wir sofort damit aufhören, andere Länder ihrer Rohstoffe zu „berauben", damit wir auf dem Kissen unseres grünen Gewissens ruhig schlafen können.

Einige Politiker sind glimpflich davongekommen, wenn sie anderen ihr geistiges Eigentum gestohlen haben. Man tritt zurück und kassiert noch eine fette Pension. Ist das nicht auch ein Diebstahl an der Bevölkerung?

In islamischen Ländern, in denen die Scharia regiert, wird Dieben die Hand abgehackt. Daran mag man ermessen, auch wenn es kaum etwas grausameres gibt, wie hoch das Gut des Eigentums geschätzt wird.

Gestohlen haben wir aber auch schon, wenn wir etwas über jemanden wissen und dieses Wissen ohne seine Einwilligung weitergeben.

Du sollst nicht stehlen gilt also für alle Bereiche des täglichen Lebens.

8. Du sollst nicht falsch Zeugnis reden wider deinen Nächsten.

Positiv ausgedrückt heißt das: Sage immer die Wahrheit. Wir sollen offen und ehrlich miteinander umgehen. Wir sollen das, was wir sagen, auch wirklich meinen.

Hierbei handelt es sich möglicherweise um das feinsinnigste Gebot. Solange Worte nicht in gewissem Maße bindend sind, ist eine menschliche Gesellschaft nicht vorstellbar, und bei Rechtsstreitigkeiten verlangen wir, dass Eide geschworen werden und bestrafen den Meineid. Das Wort „Zeuge" ist Ausdruck eine unserer nobelsten Vorstellungen. „Zeugnis zu geben" ist eine hohe moralische Verantwortung.

Dieses Gebot ist sehr geschmeidig. Sein Dreh- und Angelpunkt ist das Wort „gegen".

Wenn man ziemlich überzeugt von jemandes Unschuld ist und die Wahrheit im Zeugenstand ein wenig beugt, so macht man sich zweifellos des Meineids schuldig und kann persönlich in Schwierigkeiten geraten. Wenn man hingegen bewusst lügt, um jemanden zu belasten, der unschuldig ist, so hat man etwas Schändliches getan.

Schaut man in das Internet, oder andere, auch öffentliche Medien, wird ständig gegen dieses Gebot verstoßen. Niemand wird die genaue Zahl der sogenannten Fakenews benennen können. Einige Kriege sind legitimiert worden durch Lügen. Ob es der zweite Weltkrieg war, oder der Irakkrieg, um nur zwei Beispiele zu nennen.

Die Welt wäre also eine wesentlich friedlicherer Ort, wenn man sich an dieses Gebot halten würde. Im Kleinen wie im Großen.

9. Du sollst nicht begehren deines Nächsten Haus.

Woran soll hier das Begehren gemessen werden? Wer soll in die Köpfe der Menschen hineinschauen? (außer der Gott des Alten Testaments) Begehren beginnt ja zunächst einmal im Kopf. Hier geht es also um unsere Einstellungen. Gott möchte ganz offensichtlich, dass wir mit dem zufrieden sind, was wir haben.

Kann Neid dazugehören? Ist neidisch sein schon ein Begehren?

Neid ist das Gefühl, zu kurz zu kommen. Wir leben – ja, aber wir könnten besser leben. Und dass der Andere Dinge hat, die er gar nicht verdient, verstärkt das Gefühl nur. Das Gebot, keine Gier nach dem Besitz des anderen Aufkommen zu lassen, ist also lebensregulierend.

Denn manchmal sind wir blind dafür, was wir schon haben – auch wenn das nicht alles ist, was wir uns wünschen. Aber durch eine neue Sichtweise erwächst Dankbarkeit.

Wir sollen ermutigt werden, Grenzen in unserem Leben zu akzeptieren und unabhängiger von äußeren Umständen zu werden. Letztendlich sollen wir uns nicht nur über das definieren, was wir besitzen. Gott hat versprochen uns zu versorgen, mit allem, was wir brauchen. Jedes Sozialsystem der Welt hat das, was Gott und da verspricht, übernommen. Das Vertrauen zu leben, ist allerdings kein einfacher Weg. Besonders in existentiellen Nöten, wie man zur Zeit, während einer der größten Krisen, die wir erlebt haben, sehen kann.

10. Du sollst nicht begehren deines Nächsten Weib, Knecht, Magd, Rind, Esel und noch alles, was dein Nächster hat.

Das letzte Gebot stellt eine ganz besondere Herausforderung dar: Ich bin mir sicher, dass sich hier so ziemlich jeder wiederfindet – denn „begehren", also „etwas haben wollen" kennt jeder! Aber das allein ist es ja nicht. Haben wollen ist ja nichts Schlimmes. Das Gebot richtet sich eher an die, die neidisch auf andere schauen, um ihm dies zu missgönnen oder, wenn es geht, sogar wegzunehmen. Kann man Frauen mehr Unrecht tun, als wenn man sie zum Besitz des Mannes zählt? Bis in die Neuzeit hinein hat sich dieser Gedanke hartnäckig gehalten und findet sich auch heute noch im Koran und im Alten Testament wieder, wobei letzteres durch das Neue Testament entschärft wurde. Jesus hat gelehrt, Frauen als Gleiche zu betrachten. Es hat bei uns lange gedauert, das zu befolgen und dauert immer noch an. Ob eine Quotenregelung wirklich etwas ändert, lasse ich mal dahingestellt. Im Koran, der auch heute noch gültig ist und in vielen Ländern auch konsequent gelebt wird, steht der Mann weit über der Frau.

Was steht an erster Stelle: das Haus oder die Ehefrau? Auf diese Fragen geben die beiden im Alten Testament überlieferten Fassungen der Zehn Gebote unterschiedliche Antworten. Die Stellung der Frau als Objekt der Begierde ist umstritten.

Am Anfang des letzten Verses der Zehn Gebote steht also: „Du sollst nicht begehren…" Damit ist weder eine reine Gedankensünde noch ein rein innerliches Verlangen gemeint. So erkennt zum Beispiel Eva im Garten Eden die Frucht am Baum der Erkenntnis als begehrenswert und greift deshalb nach ihr und isst sie. Und der Prophet Micha ruft über diejenigen, deren Begehren ihr Handeln leitet, aus: „Sie wollen Felder haben und reißen sie an sich, sie wollen Häuser haben und bringen sie in ihren Besitz."

Ein solches Begehren wird also am Anfang des letzten überlieferten Zehn Gebote verboten:

„Du sollst nicht das Haus deines Nächsten begehren." Damit ist nicht nur der Grundbesitz des

Nächsten gemeint oder nur seine vier Wände, die er sein Zuhause nennt. Nichts von dem, was einem Hausherren gehört, darf ein Anderer begehren. Um diese Aussage zu verdeutlichen wird im restlichen Vers das Verb nochmals wiederholt und es folgt eine Definition dessen, was mit „Haus" gemeint ist: „Du sollst nicht die Frau deines Nächsten begehren, nicht seinen Sklaven oder seine Sklavin, sein Rind oder seinen Esel oder irgendetwas, das deinem Nächsten gehört." Hier wird die Frau, wie die Sklaven und die Nutztiere, als Besitz definiert.

Dem Gebot geht es zusätzlich noch um einen allumfassenderen Schutz der Ehe. Jede Handlung – nicht nur der Ehebruch –, die darauf abzielt, die Ehefrau eines Anderen zur eigenen Frau zu machen, wird verboten. Dieser allumfassende Schutz gilt auch für den Besitz gemäß dem zehnten Gebot. Auf keinen Fall darf die Erweiterung des eigenen Vermögens oder die Steigerung der eigenen Lebensqualität zu Lasten eines anderen geschehen, weder durch Ehebruch, noch durch Diebstahl oder auch durch neidische Gewinnsucht, die es den

Wohlstand anderer abgesehen haben. Der gesamte Besitz des Nächsten gehört ihm allein und der Versuch etwas davon in Besitz zu nehmen, stellt einen Tabubruch dar. Die Ehefrau sowie das Eigentum werden hier unter besonderem Schutz gestellt.

SCHLUSS

Jesus hat im Neuen Testament die 10 Gebote auf lediglich 2 herunter gebrochen:

„Liebe Gott" - damit ist jeder selbst gemeint, denn du bist Gott, wenn Gott alles und überall ist - und „Liebe deinen Nächsten".

Mehr braucht es im Grunde nicht.

Wenn diese beiden Gesetze universell anerkannt und befolgt werden würden, bräuchten wir keine Religionen, keine Grundgesetze und letztlich auch keine Regierungen. Die Chancen zu überleben würden enorm steigen.

ÜBER DEN AUTOR

Dr. Phil. Klaus Biedermann lebt auf der Griechischen Insel Korfu. Neben dem Schreiben arbeitet er dort als Seminarleiter und Coach. Mehrmals im Jahr finden an seiner Sommerakademie Seminare für Meditation und Selbsterfahrung, sowie Coaching-Ausbildungen statt. Außerdem bietet er Einzelsitzungen an - vor Ort, aber auch online per Skype.

Termine dafür gibt es nach einer Mail an: onlinecoaching@ascoach.de

Web: www.ascoach.de

Facebook: Klaus Biedermann

Instagram: dr.phil.klaus_biedermann

**Folgende Bücher und CDs von
Dr. phil. Klaus Biedermann sind erschienen:**

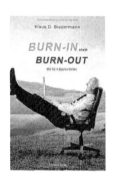

Die Romantrilogie Tench álin (drei Bände als Hardcover und als E-Book). Band 1 auch als Taschenbuch und Hörbuch (EchnAton Verlag + BoD)

DAS TAL VON TENCH'ALIN

Das kosmische Gleichgewicht war in einer gefährlichen Art und Weise aus den Fugen geraten.

Das hatte den Rat der Welten, von dem kein Mensch gewusst hatte, veranlasst einzugreifen. Als einen letzten verzweifelten Ausweg für das Weiterbestehen der Menschheit hatte man eine Teilung der Welt beschlossen. Von den Überlebenden hatte jeder entscheiden können, in welchem Teil der Erde und nach welchen Prinzipien er und seine Nachkommen leben wollten. So hatten die Menschen - nicht ganz freiwillig - die Wahl ihrer unterschiedlichen Lebensformen in einem Ewigen Vertrag besiegelt, in dem jegliche Einmischung oder Kontaktaufnahme mit dem jeweils anderen Teil strengstens untersagt worden war.

700 Jahre später begegnen sich beide Welten in Gestalt einer Frau und eines Mannes. Der Roman beschreibt die Heldenreise zweier Menschen, die unterschiedlicher nicht sein könnten.

Bei der Erfüllung ihrer Mission, in der sie Gegner sind, erhalten beide Hilfe, und dennoch sind sie im entscheidenden Moment auf sich alleine gestellt.

DIE SIEGEL VON TENCH'ALIN

Die Begegnung der Alten und der Neuen Welt in Gestalt von Effel und Nikita bedeutet zwar die Wiederentdeckung ihrer vergangenen Liebe, ist aber auch der Grund für die Versammlung des Rats der Welten, denn der Ewige Vertrag wurde gebrochen. Wie wird die Entscheidung ausfallen? Wird Nikita die Pläne erhalten und in ihre Heimat zurückkehren? Die Verbannung der Emurks ist beendet und sie brechen in ihre Heimat, die Seen von Kögliien, auf. Was wird sie dort erwarten?

Auf der Suche nach dem verschwundenen Farmerssohn Vincent begegnen sich dessen Vater Jared und sein Freund Scotty im Tal von Angkar Wat. Welches Geheimnis verbirgt sich dort, und welche Geheimnisse entdeckt Saskia während ihrer Ausbildung bei der mystischen Äbtissin Adegunde in Haldergrond?

In der Neuen Welt sind aus den ehemals entführten Sisko-Zwillingen erwachsene Männer geworden und Kay scheint eine große politische Zukunft vor sich zu haben. Was aber ist mit Steve?

Senator Ferrer, dessen Suche nach seiner Tochter Nikita einige Fragen aufwirft, kann sich indes seines Lebens nicht mehr sicher sein.

DAS ERBE VON TENCH'ALIN

Im dritten Teil des Mystery-Thrillers reist die Wissenschaftlerin Nikita Ferrer mit den Bauplänen und einem Brief vom Rat der Welten in ihre Heimat zurück. Dort stößt jedoch Professor Rhim beim Auswerten der Pläne auf Ungereimtheiten ...

Sind es wirklich nur diese Baupläne, die für BOSST interessant sind, oder liegt in dem weitläufigen Höhlensystem ein ganz anderer Schatz, der von den Siegeln von Tench`alin bewacht wird?

Wird es einen neuerlichen Vertragsbruch geben und wie wird der Rat der Welten darauf reagieren?

Welche Folgen hat das Erwachen der Siegel für die Menschheit?

Werden Nikita und Effel sich wiedersehen?

Der Korfu-Roman in Deutsch, Griechisch und Englisch. (www.wie-vor-jahr-und-tag.de)

 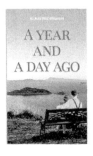 

Sophie arbeitet als Ärztin in Münster und folgt damit ihrer Berufung. In der Beziehung zu Michael fühlt sie sich nach einigen Enttäuschungen endlich angekommen. Eines Tages wird sie von ihrer ehemaligen Kollegin Martha, die einen Griechen geheiratet hatte, nach Korfu eingeladen. Dort begegnet sie Rolf, der auf der Insel als Fotograf ein beschauliches Leben führt. Beide Menschen sind mit ihrem Leben im Einklang. Dennoch geschieht es - zwar nicht auf den ersten Blick, wie das ja manchmal vorkommt, sondern die Liebe kommt wie ein lauer Frühlingswind daher, der sich allmählich zu einem heftigen Herbststurm entwickelt. Sie kommen gar nicht dazu, sichtsmaßnahmen zu ergreifen - falls es überhaupt Schutz vor der Liebe gibt. (Vertrieb: Amazon und BoD)

ALLEINE - Tagebuch einer Quarantäne

Margarete Wellner war gestorben. Mit den Altbauern vom Steinerhof und der treuen Seele Magdalena hatte sie noch mit ihrer Enkelin auf das neue Jahr angestoßen.

„2020", hatte sie zu Lisa gesagt, „wird ein großartiges Jahr werden … du wirst sehen, mein Engel."

Nicht viel später war sie selbst ein Engel. Es war schnell gegangen und genau so, wie sie es sich immer gewünscht hatte. Sie ist in ihrem eigenen Bett eingeschlafen und nicht mehr aufgewacht. Die Frau, von der jeder gedacht hatte, dass sie ewig leben wird.

Die Nachricht vom Tod ihrer Großmutter hatte Lisa auf dem Schiff erreicht, sodass sie an der Einäscherung nicht teilnehmen konnte. Aus Portugal kehrt sie auf den Birkenhof zurück.

(Vertrieb: Amazon und BoD)

DIE WIESE VERSCHWINDET BEIM GEHEN

Wie Sie in einfachen Schritten und mit ein wenig Übung zu dem Menschen werden, der Sie sein möchten.
(Vertrieb: Amazon oder BoD)

„Mit der Geburt wird der Mensch… in eine Situation hinein geschleudert, die nicht festgelegt, sondern ungewiss und offen ist. Nur in Bezug auf die Vergangenheit herrscht Gewissheit, und für die Zukunft ist nur der Tod gewiss." (Erich Fromm)

BURN-IN STATT BURN-OUT

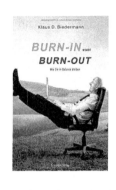

Brennen Sie … aber bitte nicht aus. Brennen Sie für etwas!

Arbeitsüberlastung und Tempodruck allein führen nicht zwangsläufig zu einem Zusammenbruch. Vielmehr führen fehlende Sinnhaftigkeit und Fremdbestimmung im Berufs- und Privatleben, der Verlust an Werten verbunden mit der verlernten Fähigkeit, zu entspannen und sich positiv wahrzunehmen früher oder später zu einem Kollaps.

Der Autor des Buches kommt direkt auf den Punkt und stellt grundlegende und entscheidende Erklärungen an den Anfang. Statt innerlich auszubrennen, gilt es, im positiven Sinn für etwas zu brennen. Dazu kann es hilfreich sein, das eigene Leben mit allem, was einen als Person ausmacht, infrage zu stellen. Runter von den ausgetretenen Pfaden, schlägt er vor, um neue Perspektiven und Erfahrungen zu wagen.

(EchnAton Verlag)

Gesammelte Gedichte mit Fotos aus meiner Wahlheimat Korfu.

„Du kannst dir nicht aussuchen, wie du stirbst. Oder wann. Du kannst nur entscheiden wie du lebst. Jetzt." (Joan Baez)

Inway

Mentales Training
Entspannungstraining

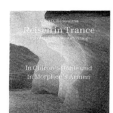

Reisen in Trance

Zwei Fantasiereisen
1. Innerer Ratgeber
2. Besser schlafen

Entspannungs- und
Visualierungstraining

Resilienz
Burn-Out Prophylaxe

Zehn Reisen in Trance

und positive Suggestio-
nen für geistige und
Mentale Gesundheit

„Das einzig Wichtige im Leben sind die Spuren von Liebe, die wir hinterlassen, wenn wir weggehen."
(Albert Schweizer)

DIE KUNST DES SEINS

Ein umfassendes Arbeitsbuch für Ihren ganz persönlichen Weg der Erleuchtung! Wissen Sie eigentlich, dass Sie selbst der Schöpfer Ihrer eigenen Wirklichkeit sind?

"In jedem Menschen steckt die Schöpferkraft, ein lebenswertes Leben frei von Unterdrückung und Manipulation, ein Leben in Liebe, vollkommener Gesundheit und innerem und äußerem Frieden zu leben."

Um diese Schöpferkraft zu entdecken und nutzen zu können, ist es wichtig, die geistigen Gesetze zu verstehen, die in Ihrem Leben wirken. Leicht verständlich erklärt der Autor im ersten Teil dieses Buches, wie diese Gesetze aussehen und wie Sie Ihr Leben durch Anwendung der universellen Wahrheiten selbst in die Hand nehmen können. Im zweiten Teil zeigt er Ihnen praxisnah, wie man diese inneren Wahrheiten so anwendet, dass Sie selbst die Verantwortung für Ihr Leben übernehmen und in Harmonie mit Ihrem Körper, Ihrer Seele und Ihrem Geist leben können. Ihre Beziehung, Ihr Beruf, Ihre gesundheitliche und finanzielle Situation werden sich dadurch zum Guten wenden, denn wenn Sie die Gesetze kennen und verstehen, beginnen Sie ganz automatisch, Ihr Leben zu meistern!

(EchnAton Verlag)

„Lebe so, als müsstest du sofort Abschied vom Leben nehmen, als sei die Zeit, die dir geblieben ist, ein unerwartetes Geschenk." (Marc Aurel)

TAROT - IHR INNERER SPIEGEL

Achten Sie auf die leisen Botschaften Ihrer weisen inneren Stimme? Mit diesem Buch werden Sie angeregt, auf sie zu hören. Lassen Sie sich dazu einladen, ihre Botschaften als konkret zu erfahrenden Weg der Bewusstwerdung zu nutzen.

Außergewöhnlich intuitive, fundierte Deutungen der einzelnen Tarotkarten und spannende, ungewöhnliche Legebeispiele machen dieses Buch zu einem wertvollen Tarot-Ratgeber und bieten Ihnen hervorragend anwendbare Lebenshilfe.

Praktisch, realitätsbezogen, alltagstauglich und erfrischend bodenständig gibt der Autor Anregungen, wie man das Flüstern der inneren Stimme im Leben umsetzen kann. Kurz und präzise für rasche Lösungen, ausführlich und zum Nachdenken anregend für eine echte Beschäftigung mit dem eigenen Weg - dieses Buch eint astrologisches und esoterisches Wissen mit gesundem, alltagstauglichem Menschenverstand und ist deshalb auch für Leser, die sich nicht ausdrücklich mit spirituellen Themen beschäftigen, ein wundervoller Begleiter und eine echte Entscheidungshilfe in allen wichtigen Fragen des Lebens.

(EchnAton Verlag)

AUSBILDUNG IN INTUITIVEM TAROT UND COACHING hier in KORFU.

„Jemand hat mir mal gesagt, die Zeit würde uns wie ein Raubtier ein Leben lang verfolgen. Ich möchte viel lieber glauben, dass die Zeit unser Gefährte ist, der uns auf unserer Reise begleitet und uns daran erinnert, jeden Moment zu genießen, denn er wird nicht wiederkommen. Was wir hinterlassen, ist nicht so wichtig wie die Art, wie wir gelebt haben."
(Jean-Luc Picard)

MEINE SEMINARE AUF KORFU

KORFU (TERMINE: www.ascoach.-de) **COACHING-AUSBILDUNGEN UND PERSÖNLICHKEITSTRAININGS**

Ich habe einen Platz gefunden, an dem tiefgreifende Erfahrungen leicht und mühelos möglich werden. Korfu, die Zauberinsel im Ionischen Meer (Viel mehr, als ein üblicher Urlaub.) An der Nord-West-Küste dieser wohl grünsten aller Griechischen Inseln können Sie eine Woche unvergesslichen Seminar-Urlaub verleben. Sie finden mediterranes Klima, stille Olivenhaine, schöne Badebuchten mit sauberen Stränden, klares Wasser, ehrliche Gastfreundschaft und viel Ruhe.

Das Hauptgebäude des Seminar-Zentrums "Ouranos Club" liegt auf einem Hügelzug, von dem aus man einen weiten Blick auf zwei Buchten hat. Zu jedem der schönen Strände gelangen Sie zu Fuß bequem in 10 Minuten. Sie wohnen in Apartements und Bungalows, mit je zwei Doppelzimmern, einer kleinen Küche und gemeinsamen Bad. Wer es individueller mag, kann (gegen Aufpreis) auch ein Einzelzimmer buchen. Die Zimmer sind einfach und zweckmäßig ausgestattet. Sie verfügen über einen Balkon, die meisten mit Blick auf das Meer. Es gibt eine gut ausgewogene vegetarische Küche mit reichhaltigen Frühstücksbuffet und einem mehrgängigen Abendessen. Wer auf Fisch oder Fleisch nicht verzichten mag, kommt in einer der zahlreichen Tavernen am Strand auf seine Kosten.